Dans la collection **CARNETS DE SAGESSE** :

PAROLES INDIENNES
par Michel Piquemal
PAROLES DU BOUDDHA
par Marc de Smedt
PAROLES ZEN
par Marc de Smedt
PAROLES DE LA GRÈCE ANTIQUE
par Jacques Lacarrière
PAROLES DE JÉSUS
par Jean-Yves Leloup
PAROLES DE LA ROME ANTIQUE
par Benoît Desombres
PAROLES DE SAGESSE JUIVE
par Victor Malka
PAROLES DE L'ISLAM
par Nacer Khémir
PAROLES DE L'ÉGYPTE ANCIENNE
par François-Xavier Héry
PAROLES DU TAO
par Marc de Smedt
PAROLES DE NATURE
par Jean-Marie Pelt
PAROLES DE SCIENCE
par Albert Jacquard
PAROLES D'AFRIQUE
par Gérard Dumestre
PAROLES CELTES
par Jean Markale

Dans la série **PAROLES** :

PAROLES D'ESPOIR
par Michel Piquemal et présentées par Marc de Smedt
PAROLES DE RÉVOLTE
par Michel Piquemal
PAROLES DE SÉRÉNITÉ
par Marc de Smedt
PAROLES DE FRATERNITÉ
par Michel Piquemal et présentées par l'abbé Pierre

Collection dirigée par Marc de Smedt et Michel Piquemal

Illustration de couverture et vignettes : Danielle Siegelbaum

22 rue Huyghens, 75014 Paris
Loi 49956 du 16 juillet 1949 sur les publications destinées à la jeunesse
Dépôt légal : premier semestre 1996
N° d'édition : 11049/7
ISBN : 2-226-06253-X
ISSN : 1248.8089
Imprimé en France par Pollina, 85400 Luçon - n° 69891-B

PAROLES DU BOUDDHA

Textes recueillis
par Marc de Smedt

Photos de
Jean-Louis Nou

ALBIN MICHEL
CARNETS DE SAGESSE

Siddharta Gautama, qui sera appelé plus tard le Bouddha, l'Éveillé, est né il y a 2500 ans environ dans le nord de l'Inde, tout près de l'actuelle frontière du Népal, à Lumbini. On dit que son père était un roi : les fouilles archéologiques dans la région ont permis de découvrir que c'était en tout cas un seigneur, une sorte de chef de clan, celui des Shakyas. Il naquit donc dans une famille puissante, les Gautama, aux moyens d'existence nettement supérieurs à ceux du commun. La légende nous dit aussi que son père, soucieux d'une prédiction faite par un ermite au moment de la naissance de son fils, annonçant que celui-ci serait soit un grand roi, soit un grand sage, fit tout pour que cela soit évidemment la première partie de la prophétie qui se réalise. Le jeune prince Siddharta reçut donc une éducation guerrière et intellectuelle poussée, et son père fit tout pour lui éviter soucis et ennui. Danseuses, chasses, précepteurs, serviteurs l'occupent donc à plein temps. On le marie aussi à la jolie Yasodhara, fille d'un clan voisin qui lui

donnera un fils. Mais tout cela ne fait pas son bonheur : il est en effet tourmenté et déprimé par l'existence de la maladie, de la misère, de la vieillesse et de la mort qui lui « ôtent toute fierté au sujet de cette vie que je menais » et dont il ressent la futilité. Alors, une nuit, il quitte le palais et sa famille, il s'enfuit loin de la vie facile pour chercher la vérité et essayer de comprendre le sens de l'existence. Il a trente ans. Il coupe sa longue chevelure, quitte ses vêtements luxueux pour une simple tunique et part suivre l'enseignement des sages du temps. Durant des années il pratique des techniques de yoga, il jeûne, il écoute des philosophies, mais sans apaiser sa soif de comprendre. Alors il décide de s'enfermer dans une grotte et d'y méditer jusqu'à découvrir le pourquoi des choses. Il y reste jusqu'à devenir une sorte de squelette halluciné qui se nourrit d'une graine par jour. Sans résultat. Dans un sursaut il sort de sa grotte pour ne pas y mourir comme un chien dans un trou, il se traîne jusqu'à un arbre où il s'adosse entre les racines pour, au moins, finir en plein jour. Et là, il entend un maître de musique s'installer avec ses élèves dans un bosquet proche. Le maître dit : « Pour qu'un luth fasse de la bonne musique, il faut qu'il soit bien accordé ; si les cordes sont trop lâches, le son est mou, si les cordes

sont trop tendues, le son est discordant. Il faut trouver l'accord juste. » A ces paroles, Gautama a une véritable illumination. Il réalise qu'elles s'appliquent à son cas : prince, il menait une existence trop molle, déliquescente, et, vagabond errant, il mène une vie inutile qui le conduit aux portes de la déchéance, pour rien. Il comprend que la vérité est dans l'équilibre des forces et découvre ainsi le premier principe de ce qui deviendra le bouddhisme : la voie du juste milieu. Le corps et l'être doivent être harmonieusement accordés pour donner un juste mouvement et être utiles aux autres. Une nouvelle vie commençait pour lui : tout en reprenant vigueur il se recueillera encore longuement avant de se décider à enseigner ceux qui le désiraient dans ce qu'il a appelé le Noble Chemin, composé de huit préceptes qui peuvent nous servir encore aujourd'hui : la vision correcte, la parole correcte, l'action correcte, la vie correcte, l'effort correct, l'attention correcte et la méditation correcte. Il mourut à quatre-vingts ans : une nouvelle philosophie était née.
Elle ne suscita jamais de guerres.

Marc de Smedt

Les photos de Jean-Louis Nou ont été disposées dans l'ordre chronologique de la vie du Bouddha.

De celui qui dans la bataille a vaincu mille
milliers d'hommes
et de celui qui s'est vaincu lui-même,
c'est ce dernier qui est le plus grand vainqueur.

Sculpture à Lumbini : sa mère, entourée de suivantes et agrippée à un arbre, vient de donner naissance au petit Siddharta…

LE MOT

Meilleur que mille mots privés de sens
est un seul mot raisonnable,
qui peut amener le calme chez celui qui l'écoute.

Siddharta Gautama qui, dit la légende, se met tout de suite à prêcher, à peine sorti des limbes.

PAR SOI-MÊME, en vérité, est fait le mal.

Par soi-même on est souillé.

Par soi-même est évité le mal.

Par soi-même, en vérité, on est purifié.

Pureté et impureté sont personnelles, nul ne peut purifier autrui.

Fresques des grottes d'Ajanta : le Bouddha jeune
mène une vie où les danseuses et les plaisirs figurent en bonne place.

Le monde est aveugle.

Rares sont ceux qui voient.

L'esprit est difficile à maîtriser et instable.

Il court où il veut.

Il est bon de le dominer.

L'esprit dompté assure le bonheur.

Fresque d'Ajanta : serait-ce là sa femme, la belle Yasodhara ?

Si le disciple voit, voit les choses telles qu'elles sont par la sagesse correcte, alors il ne chérit pas les idées concernant le passé : « Existais-je dans le passé ? Ou n'existais-je pas dans le passé ? Qui étais-je dans le passé ? »
Il ne chérit pas non plus les questions concernant le futur : « Existerai-je dans le futur ? N'existerai-je pas dans le futur ? Qui serai-je dans le futur ? Comment serai-je dans le futur ? »
Il ne chérit non plus les doutes sur soi-même concernant le temps présent : « Suis-je ? Ne suis-je pas ? Comment suis-je ? En tant qu'être vivant, je viens d'où ? Je vais où ? »
De telles idées ne se produisent pas chez lui.

Un jour, il part et prend une des routes du temps.
Ici, près de Sarasvati (Saheth-Mahath).

Lorsqu'il y a une action que vous voulez faire avec votre pensée, à propos de cette action mentale, vous devez réfléchir : « Cette action que je veux faire avec ma pensée contribuera-t-elle à mon propre mal, ou au mal des autres, ou bien au mal des deux parties ? Cette action mentale est-elle maladroite, amène-t-elle la souffrance et produit-elle le mal ? »

Si, lorsque vous réfléchissez ainsi, vous concluez : « Oui, l'action mentale que j'ai envie de faire contribuerait à mon propre mal, ou au mal des autres, ou bien au mal des deux parties et, en fait, cette action mentale maladroite amènerait la souffrance et produirait le mal », alors, une telle action mentale, ô Râhula, ne doit pas être accomplie.

Il n'a pas trouvé la vérité mais les ascèses le rendent plus proche de la mort que de la vie. Sculpture du musée de Lahore.

DE MÊME qu'un singe qui prend ses ébats dans la forêt saisit une branche puis l'abandonne aussitôt pour se raccrocher à une autre, puis à d'autres encore, AINSI, ô disciples, ce que vous nommez pensée, connaissance, se forme et se dissout sans cesse.

Bodhgaya : mais l'Éveil survient sous l'arbre Bo, un magnifique *Ficus religiosa* toujours présent grâce aux soins attentifs des pèlerins.

TOUTE CONQUÊTE engendre la haine, car le vaincu demeure dans la misère. Celui qui se tient paisible, ayant abandonné toute idée de victoire ou de défaite, se maintient heureux.

Bodhgaya : le temple de l'Illumination.

Un homme peut bien dépouiller autrui, autant qu'il convient à ses fins ; mais dépouillé à son tour par autrui, tout dépouillé qu'il est, il le dépouille encore.

Tant que le fruit du mal n'a pas mûri, le sot s'imagine : « Voici mon heure, voici mon occasion ! » Mais quand son acte a porté ses fruits, tout se gâte pour lui. Le tueur se fait tuer à son tour ; le vainqueur trouve quelqu'un pour le vaincre ; l'insulteur se fait insulter, le persécuteur a des tracas.

Ainsi par l'évolution de l'acte celui qui dépouille est dépouillé à son tour.

Il médite, ici en lotus, dans la posture dite de la «prise de la terre en témoin»...

LA CRISE DE L'HUMANITÉ

Actuellement, ô brahmane, les gens sont enflammés de désirs illégitimes, accablés par leurs appétits dépravés, obsédés par de fausses doctrines. Étant ainsi, ils saisissent des glaives acérés et s'ôtent la vie les uns aux autres, et beaucoup périssent. De plus, sur ces gens enflammés, accablés, obsédés, la pluie ne tombe pas régulièrement. Il est difficile d'avoir de quoi manger. Les récoltes sont médiocres, frappées de la moisissure, mal venues. Ainsi, beaucoup périssent. Telle est la raison, telle est la cause de l'apparente perte et croissance de l'humanité. Voilà pourquoi les villages ne sont plus des villages, les bourgs ne sont plus des bourgs, les villes ne sont plus des villes, et les régions campagnardes sont dépeuplées.

... et la sérénité envahit son être, il ne fait plus qu'un avec l'univers.

DES FAUTES

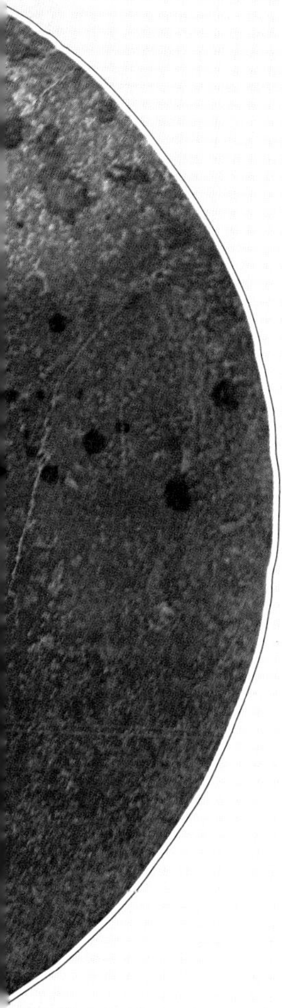

Faciles à voir sont les fautes d'autrui ; celles du soi sont difficiles à voir. En vérité les fautes des autres, nous les passons au van comme la balle du grain, mais celle du soi nous les couvrons comme le rusé joueur cache le coup qui le ferait perdre.

Bodhgaya : empreinte stylisée du pied du Bouddha
qui marche en réfléchissant pour savoir s'il doit ou non enseigner.

DU CONTRÔLE DE L'ESPRIT

LE BOUDDHA DIT AUX MOINES :
« Quand l'esprit est contrôlé, il doit être comme la pierre des quatre orients : bien que cette pierre demeure au milieu de la cour, la pluie tombe dessus mais ne la détruit pas, le soleil la chauffe mais ne la fait pas fondre, le vent souffle et ne peut la soulever. Un esprit contrôlé ressemble à cette pierre. »

Bouddha prêchant... et ferveur féminine.

AINSI EST LE CŒUR DE L'HOMME : une pensée vient, une pensée va ; comme les herbes et les bouts de bois, les pensées qui vont en avant et celles qui vont en arrière ne se gênent pas mutuellement.

AU-DESSUS DU CIEL ET EN DESSOUS, il n'y a pas de joie qui se répète.

ENTRE LE CIEL ET LA TERRE, il n'y a qu'une demeure temporaire.

Bodhgaya : moine en posture de méditation.

Comment traverser les courants passionnés ?
Comment franchir les océans ?
Comment être capable d'abandonner la souffrance ?
Et comment obtenir la pureté ?
Alors l'Honoré du Monde récita une stance :

Bodhgaya : les paysages ont-ils changé depuis 2 500 ans ? Guère.

C'est par la foi que l'on peut traverser les courants.
C'est en faisant diligence que l'on franchit l'océan.
C'est par l'énergie que l'on peut rejeter la souffrance.
Et c'est par la sagesse que l'on obtient la pureté.

MOINES, deux choses participent de la connaissance : le silence tranquille et l'intériorité. Si la tranquillité silencieuse est développée en soi, qu'est-ce que cela donne ? Cela permet à la conscience de se développer. Et quel est le profit tiré d'une conscience développée ? Les désirs sont alors remis à leur juste valeur et peuvent être abandonnés.
Et si l'intériorité est développée, quel profit cela apporte-t-il ? Cela permet à la sagesse de se développer. Et quel est le profit d'une sagesse développée ? Cela conduit à abandonner toute forme d'ignorance, à couper les racines de l'ignorance.
Une conscience troublée par les désirs ne peut se libérer ; et une sagesse troublée par l'ignorance ne peut se développer. Ainsi l'on peut faire disparaître les désirs en délivrant son esprit et on peut faire disparaître l'ignorance en délivrant sa sagesse.

Sarnath : ici le Bouddha enseigna à ses quatre premiers disciples.
Ruines du monastère qu'il fonda.

L'Honoré du Monde leur dit :

Qu'est-ce que j'appelle une « masse de choses mauvaises »?
Ce sont les cinq obstacles.

Quels sont ces cinq ?

Ce sont :
L'OBSTACLE *de la convoitise,*
L'OBSTACLE *de la colère,*
L'OBSTACLE *de la torpeur,*
L'OBSTACLE *de l'agitation,*
L'OBSTACLE *du doute.*

Caves d'Ellora : Bouddha marchant. Tout le reste de sa vie, il parcourut le nord de l'Inde en enseignant la pratique de la voie juste.

L'Honoré du Monde dit aux moines :

Il y a quatre pensées illimitées.

Quelles sont ces quatre ?

L'amour,
la compassion,
la joie
et l'égalité d'âme.

Katmandou, Népal : à chaque coin de rue, ces sculptures.
Ici, Bouddha fait un geste (*mudra*) de protection.

Celui qui désire obtenir la Voie doit s'asseoir dans un milieu désert et fermé. Tandis qu'il expire et aspire, il observe ce mouvement respiratoire : il sait s'il est court ou long.

Il observe, sans s'y attacher, les formes qui apparaissent et il est pleinement conscient.

Que l'air soit retenu ou non, il observe, et de toutes les formes qui apparaissent, il en est pleinement conscient : il les observe une à une et c'est ainsi qu'il médite. Quelles que soient les formes qui apparaissent, il les considère extérieurement, il les considère intérieurement.

En les observant et méditant ainsi, il éprouve de la joie.

S'il lui arrive d'avoir une pensée étrangère, il ne doit pas s'y attarder. C'est une perle rare en ce monde que d'avoir un cœur sans désir et suivre la Voie correcte ; par conséquent, si, en son cœur, il y a de nouveau le moindre mouvement de désir, il doit l'arrêter avec soin et tout de suite revenir à sa pratique.

Quand il procède ainsi avec son esprit, il ressemble à un homme qui possède un miroir souillé où l'on ne peut voir aucune image ; en le frottant, il lui enlève sa crasse et aussitôt l'on peut voir des images.

Celui qui a écarté la convoitise, la haine et la sottise, ressemble à un miroir frotté.

Alors, avec attention, il médite : « Sous le ciel, il n'y a rien qui soit stable, rien qui ne dure à jamais. »

Grottes d'Ajanta : Bouddha vieillissant.

La vieillesse et la mort arrivent en écrasant
tout le monde sans distinction aucune.
Les notables, les prêtres,
les commerçants et les paysans,
personne ne peut s'évader ou en rire.
Ce danger est imminent : il ensevelit chacun
et tout le monde.
Dans ce domaine, il n'y a ni place ni utilité pour
la guerre.
La victoire ne peut survenir
par déploiement des cavaleries,
ni des chars de guerre, ni de l'infanterie,
ni des formules sacrées, ni de la finance.
Celui qui vit avec droiture
au moyen de son corps, de sa parole et de sa pensée
est respecté ici-bas, de par le monde ;
il trouve aussi le bonheur de l'esprit
dans la vie à venir.

Kushinagar : c'est la fin. Le lion de l'éveil se couche dans la posture dite de Paranirvana.

Paranirvana tel qu'il est représenté en une géante sculpture de pierre à Ceylan.

Soyez-vous à vous-même, ô Ananda, votre propre flambeau et votre propre recours, ne cherchez pas d'autre recours. Que la vérité soit votre flambeau et votre recours, ne cherchez pas d'autre recours… Celui qui, dès ce moment, ô Ananda, ou après ma sortie de ce monde, sera son propre flambeau et son propre recours et ne cherchera pas d'autre recours, celui qui fait de la vérité son flambeau et son recours et ne cherchera pas d'autre recours, tous ceux-là seront désormais, ô Ananda, mes vrais disciples, qui poursuivent la bonne manière de vivre.

Celui qui, après avoir été négligent,
devient vigilant, illumine la terre
comme la lune émergeant des nuées.

Bouddha en posture de méditation.
Dessin traditionnel du Népal.

59,–

JEAN-LOUIS NOU

Les photos mises en regard des textes proviennent d'un voyage sur les traces du Bouddha effectué en octobre et novembre 1981 en Inde et au Népal. Ici, Jean-Louis Nou se trouve face au stupa géant de Nalanda, célèbre université fondée par les successeurs du Bouddha.

Jean-Louis Nou est décédé accidentellement en 1992. Cet ouvrage lui est dédié.

Le bouddhisme en tant que religion a presque complètement disparu de l'Inde actuelle. Demeurent quatre grands centres de pèlerinage : Lumbini, lieu de naissance ; Bodhgaya, lieu où il atteignit l'éveil ; Sarnath, lieu où il décida d'enseigner et fit donc « tourner la roue de la loi » (le site est situé à quelques kilomètres de Bénarès, Varanisi en hindi, la plus grande ville sainte de l'Inde) ; Kasia (Kushinagar), où il mourut et fut incinéré. De multiples autres lieux sont les témoins du passage du Bouddha (il se voulait moine itinérant) ou de la richesse de la civilisation bouddhique (telles les grottes peintes d'Ajanta, dans la région de Bombay).

Marc de Smedt a parcouru avec le photographe Jean-Louis Nou toutes les étapes du périple terrestre du Bouddha : il raconte cette vie inspirée et ce voyage dans un livre, *Sur les pas du Bouddha,* paru dans la collection de poche Espaces libres, aux éditions Albin Michel.

Signalons quelques autres livres : *Le Bouddha,* de Jacques Bacot, cahier n° 1 de *La Nouvelle Revue tibétaine ; Le Bouddha et le bouddhisme,* de Maurice Percheron (collection Maîtres spirituels) et *Paroles du Bouddha* (collection Sagesse), aux éditions du Seuil ; *En suivant Bouddha,* de Foucher, aux éditions Maisonneuve, *Sermons du Bouddha* et *Le Bouddha et ses disciples,* de Mohan Wijayaratna, aux éditions du Cerf.